Joseph Kemper

Der Bonenjäger

Eine Forschung auf dem Gebiete der münsterschen Mundart

Joseph Kemper

Der Bonenjäger

Eine Forschung auf dem Gebiete der münsterschen Mundart

ISBN/EAN: 9783743383227

Hergestellt in Europa, USA, Kanada, Australien, Japan

Cover: Foto ©Andreas Hilbeck / pixelio.de

Manufactured and distributed by brebook publishing software (www.brebook.com)

Joseph Kemper

Der Bonenjäger

Der Bonenjäger,

eine

Forschung auf dem Gebiete der münsterschen Mundart

von

Dr. Joseph Kemper.

Münster, 1881.

Verlag der Aschendorff'schen Buchhandlung.

§. 1.
Einleitung.

Wie oft auf dem Antlitz eines glücklichen Menschen noch im späten Mannesalter die Gesichtszüge der Jugend sich zeigen, so hat auf dem Boden des Münsterlandes bis auf die Gegenwart der Grundriss der frühesten deutschen Zustände und Einrichtungen sich erhalten. Hier bieten uns die Bauerschaften mit ihren getrennt liegenden Höfen noch jetzt ein lebendiges Bild von dem ursprünglichen deutschen Gemeinwesen; hier haben die Besitzungen der Landleute nicht nur noch die Namen, sondern zum Teil sogar die Grenzen, welche sie zur Zeit Karls des Grossen und schon früher hatten. Besonders aber finden sich die Ueberreste und Spuren der vorchristlichen Heiligtümer unseres Volkes wohl in keiner Gegend Deutschlands in so grosser Anzahl und in solcher Deutlichkeit wie im Münsterlande. Hier lassen sich die Haine, Höhen, Bäche, Quellen, wo unsere Vorfahren den Thuner (Thor), Woden, Saxnote (Tiu), verehrt haben, heute noch mit Sicherheit festsetzen. Hiervon möchte wohl dies Schriftchen, das über die bei der Stadt Billerbeck liegenden Cultusstätten Odins und über den dort vorkommenden Namen dieses Gottes handelt, die Freunde der deutschen Altertumskunde überzeugen. Wir werden demselben später noch ein anderes Büchlein, das mit den münsterländischen Thuner- und Tiestätten sich beschäftigen wird, folgen lassen.

Das Hauptmittel aber, dessen wir uns bei den hier dargestellten Forschungen bedienen, ist die Grammatik und der Wörterschatz der münsterschen Mundart, und zwar der altmünsterschen, mittelmünsterschen und neumünsterschen. Für die altmünstersche gilt uns als Quelle der münchener Codex des Héliand, der dies im Münsterlande entstandene Gedicht in seiner ursprünglichen Gestalt enthält; wir führen ihn an nach der von M. Heyne besorgten Ausgabe (Paderborn 1866). Auch die berühmte Freckenhorster Heberolle redet denselben Dialect; wir erwähnen sie als „Fr. Heb." nach der Ausgabe in Heyne's kleineren altniederdeutschen Denkmälern (Paderborn 1867).

Für das Mittelmünstersche aber berufen wir uns auf gedruckte Urkunden und auf die von Ficker, Cornelius und Janssen herausgegebenen Geschichtsquellen, die wir bezeichnen als „Chron.", und zwar ohne weiteren Zusatz, wenn der erste Band gemeint ist.

Für das Neumünstersche ist massgebend das jetzt in Münster und Umgegend vom Volke gesprochene Plattdeutsche.

Den sprachlichen Erörterungen wolle der geneigte Leser ja nicht seine Aufmerksamkeit verweigern; denn ohne Philologie ist es unmöglich, den reichen Schatz der westfälischen, besonders der münsterländischen Alterthümer zu heben; sie hauptsächlich muss die Leuchtkugeln werfen, durch welche das Dunkel, das auf den vorchristlichen Einrichtungen unseres Landes liegt, aufgehellt wird.

§. 2.

Der Bonenjäger und sein Stein

In dem nördlichen Theile des Kreises Coesfeld, namentlich in den Gemeinden Holtwick, Osterwick, Coesfeld, Billerbeck, wissen die meisten Landleute von dem Bonenjäger zu erzählen. Sie verstehen darunter jenen spukenden Jäger, welchen der Dichter Bürger als Wild- und Rheingrafen bezeichnet.

In den norddeutschen Gebirgsgegenden, im Harz und in Thüringen, heisst er Baron Hans von Hackelnberg, anderwärts Baron von Rodenstein, Dietrich von Bern, Artus oder gar König Karl, auch Waldemar und Christian (dänische Könige). Ueberall bei allen deutschen Volksstämmen ist er bekannt, wenn auch unter den verschiedensten Namen. Sein Gefolge aber wird in Süddeutschland wütendes Heer, auch Wuotesheer genannt, welches Wort in seinem ersten Teil zu derselben Wurzel gehört, woraus die Benennung des höchsten Gottes der Deutschen, des Wodan oder Wuotan, gewöhnlich hergeleitet wird, nämlich zu dem althochdeutschen Zeitwort watan (in der Bedeutung von „eilen, stürmen, losstürzen") [1]). Ja, nicht mit Unrecht vermutet man, dass jener Name ursprünglich aus Wuotanesheri (Wodansheer) sich gebildet habe. Demnach sagen die Alterthumsforscher [2]), dass der wilde Jäger kein anderer sei, als der Gott

---
[1]) S. Weigand's Wörterbuch unter „Wut".
[2]) Grimm Mythol. S. 121 u. 871.

Wodan oder Odin selbst, von dem unsere Vorfahren glaubten, dass er die auf den irdischen Schlachtfeldern gefallenen Helden, Einherier genannt, in seinem Goldpallast Walhalla um sich versammele, und durch Jagd und Kampf sie vorbereite auf den Tag der Götterdämmerung. An diesem Tage sollen sie an Odins Seite den Göttersitz Asgard verteidigen gegen die Söhne des Landes Muspelheim, die unter Surturs Anführung die ganze Welt verbrennen werden. Bis dahin erneuern sie täglich die Kämpfe, die sie auf Erden mit einander auszufechten hatten, liefern sich blutige Schlachten und empfangen oft tödliche Wunden, die aber gleich nach Beendigung des Streites wieder geheilt sind. Darauf setzen sie sich friedlich an die goldene Tafel Odins, wo ihnen in goldenen Bechern der herrlichste Meth von den jungfräulichen Walküren kredenzt wird. Nicht selten glaubten unsere Vorfahren, in mondhellen Nächten und in der Morgenfrühe jene kämpfende oder jagende Heldenschar Wodans hoch in den Lüften zu vernehmen. Sie wurden durch diese Erscheinung ohne Zweifel mit Freude und religiöser Stimmung erfüllt, so lange sie heidnisch waren. Als sie aber nach Annahme des Christentums ihre früheren Götter für böse Geister, für Mächte der Finsternis anzusehen sich gewöhnt hatten [1]), fingen sie an, vor jenem luftigen Gespenst sich zu fürchten. Nunmehr mussten sie einen Grund dafür haben, wesshalb Christus, der doch das Reich der Finsternis überwunden hatte, jene Züge des bösen Feindes und seiner unseligen Umgebung zulasse. So wurde denn das Umherziehen der gespenstischen Schar aufgefasst als Strafe eines Verbrechens, z. B. einer frevelhaften Sonntagsjagd, wie in Bürgers Ballade vom wilden Jäger, oder der Kälte und Gleichgültigkeit gegen Gott und Himmel, wie in der Sage vom Baron Hans von Hackelnberg, dem Oberjäger des Herzogs von Braunschweig. Dieser war in seinem Leben, heisst es, ein wilder Nimrod, welcher nur auf rohe Jagdfreuden, nicht auf Religion und Gottesdienst bedacht war. Als er nun, von dem Zahne eines

---

[1]) Diese Vorstellung war zur Zeit der Bekehrung der Deutschen allgemein.

Ebers tödlich verwundet, auf dem Sterbebette lag, und der Pfarrer ihm von Bekehrung und der Seligkeit des Himmels zuredete, antwortete er: „Unser Herrgott mag seinen Himmel behalten, wenn ich nur meine Jagd behalte." „Nun, so jage bis zum jüngsten Tag!" soll der Pfarrer geantwortet haben. Dies Urteil, erzählt die Sage, wurde vor Gottes Richterstuhl bestätigt; Hans muss jagen bis an's Weltende.

Gewöhnlich zieht der wilde Jäger hoch durch den Aether; Bürger lässt ihn des Nachts durch die Lüfte, des Tags durch die Erde fahren; im nördlichen Teil des Kreises Coesfeld aber hat man auch Spuren und Denkmäler von ihm oben auf der Erde. Bei dem Dorfe Holtwick z. B. liegt ein sogenannter erratischer Felsblock, welcher jedenfalls zu den grössten dieser Art in Westfalen gehört und wohl verglichen werden kann mit den Markgrafensteinen bei Fürstenwalde in der Provinz Brandenburg. Er ist bekannt unter dem Namen „Holtwicker Ei"; manche Landleute in der Umgegend aber nennen ihn auch den „Bonenjägerstein." Noch andere Steine dieses Namens gab es früher in der hiesigen Gegend. Einer z. B., auf dessen Oberfläche eingegrabene Figuren sich befunden haben sollen, wurde zersprengt in der Coesfeldischen Bauerschaft Harle auf dem Isfelde. Der bei weitem berühmteste aber und merkwürdigste von allen lag noch vor fünfundzwanzig Jahren in der Gemeinde Billerbeck in der Bauerschaft Gerleve, dort, wo der früher ungeteilte Gemeindeboden dieser Bauerschaft an das Roruper Holz stösst. Weit über die benachbarten Gemeinden hinaus war der Ruf dieses Granitblockes gedrungen. Zum grössten Teil steckte er in der Erde; nur etwa bis zur Brust eines Mannes ragte er aus dem Boden. Sein Cubikinhalt war so bedeutend, dass durch seine Sprengung nicht weniger als vierzehn Fuder Pflastersteine gewonnen wurden. Seinen Ruhm aber verdankte er nicht so sehr seiner Grösse, als vielmehr den Eingrabungen, die seine Oberfläche auszeichneten. Hier, erzählten die Landleute, habe der wilde Jäger gestanden und vermöge seiner höllischen Natur seine Spuren tief in den Stein gedrückt, wie wenn wir gewöhnliche Menschen in den Schnee treten. Diese Fussstapfen galten dem Aberglauben als ein unbestreitbares Zeugnis für die Wirklichkeit jenes Jägers. „Wenn es keinen Bonenjäger gäbe, sagten manche Landleute, wie sollten dann jene glatten Figuren in den Stein gekommen sein? In natürlicher Weise sind sie nicht hineingeraten; denn der geschickteste Steinhauer hätte sie so gut in einen Kiesel nicht einmeisseln können."

„„Aber was waren es denn für Figuren? Beschreibt sie einmal!""

„Zuerst zwei Menschensohlen von der Ferse bis zu den Zehen, tief und deutlich eingeprägt; das waren die Füsse des wilden Jägers selbst. Dann kam der Abdruck von dem unteren Ende seines Flintenkolbens, eine Figur, die etwas dreieckig geformt und an der einen Spitze abgestumpft war. Daneben drang ein schmales Loch über einen halben Fuss weit in den Stein; es rührte ohne Zweifel von dem Ladestock der Flinte her. Das Merkwürdigste aber waren die unverkennbaren Hundefährten, die nach dem Rande des Steines zu eingedrückt waren; vier standen oben auf dem Stein vier an der schräg abfallenden Seite desselben, als wenn ein Hund nach oben hinaufgelaufen wäre."

„„Aber diese Hundefährten waren vielleicht nur kleine Vertiefungen, Töpfchen oder Näpfchen, die man als Füsse von Hunden deutete?""

„Keineswegs; man konnte ja die einzelnen Zehen und die Flächen der Füsse genau unterscheiden. Selbst in einen weichen baumberger Stein, könnte man solche Fussstapfen kaum deutlicher einhauen."

„„Aber woher sollten sie denn gekommen sein?""

„Man sagt, von den Jagdhunden, die den wilden Jäger begleiteten."

„„War an der Oberfläche des Bonenjägersteines auch sonst noch etwas auffallend? War er oben glatt oder rauh?""

„Er war meistens mit feinem, dünnem Moos bewachsen; wenn man dies wegräumte, sah man eine ziemlich glatte, von Feuer, wie es schien, schwarz gebrannte Fläche; auch war wohl Feuersglut die Ursache gewesen, dass von zwei Hundespuren etwas ausgesprengt war."

„„Aber woher denn das Feuer auf dem Stein?""

„Jedenfalls hatten bisweilen im Herbst, wenn es kälter zu werden anfängt, die Hirten in jener Gegend das Vieh gehütet und auf dem Stein sich ein Feuer angezündet."

So erklärten die Landleute die Merkwürdigkeiten des Gerlever Bonenjägersteines. Jeder Leser aber, der mit den Altertümern unseres Vaterlandes und den vorchristlichen Ideen unseres Volkes einigermassen bekannt ist, wird bereits auf andere, der Wahrheit mehr sich nähernde Vermutungen gekommen sein. „Der Stein war nichts anderes, wird er denken, als ein heidnischer Opferstein, und zwar ein Altar des Wodan oder Odin. Wenn die Figuren auf demselben wirklich so beschaffen waren, wie die Landleute auf's bestimmteste betheuern, so müssen wir die beiden menschlichen Fussstapfen als eine Abbildung der Füsse des Odin auffassen. Die dreieckige Figur, von der man sagte, dass sie vom Gewehrkolben des wilden Jägers eingeprägt sei, stellte wahrscheinlich einen von den goldenen Trinkbechern dar, die der höchste Gott, wenn er als Freund des Zechens zwischen den Einheriern sass, von den schönen Walküren Rista und Mista sich füllen liess. Das tief in den Stein eindringende Loch war der Abdruck seines nie fehlenden Speeres Gungnir; es diente dazu, die Stange aufzunehmen, woran grössere Opfer befestigt wurden. Die Hundefährten aber gehörten den beiden Jagdhunden oder vielmehr Jagdwölfen Odins an, dem Freki und Geri, welchen der Gott alle feste Speise zuwarf, die ihm selbst vorgesetzt wurde. Denn Odin selbst ass nicht, sondern trank nur.[1] Daher ist anzunehmen, dass in die Figuren, welche seine Fussstapfen und seinen Becher vorstellten, Meth oder Blut gegossen wurde; Fleisch aber, besonders Speck, legte man wahrscheinlich in die Fährten von Geri und Freki. Es erinnerte die ganze Oberfläche des Steines an Odins Tafel in Walhalla."

---

[1] S. Volmer's Wörterbuch der Mythologie unter den Wörtern „Odin, Freki, Gere.

§. 3.

Die Alstedden.

Die vorhergehende Deutung des Bonenjägersteines ist eine blosse Vermuthung; vielleicht sind andere Deutungen viel geistvoller und richtiger. Wenn aber auch auf dem Steine keine einzige Skulpturarbeit sich gefunden hätte, würde er dennoch schon bloss durch seinen Namen als dem Odin geweiht, und die Stätte, wo er lag, das sogenannte junge Büschchen, als eine Cultusstätte des Odin erkannt werden können. Denn der erste Teil des Namens „Bonenjäger", das Bestimmungswort Bônen oder verkürzt Bôn, kommt in hiesiger Gegend immer zur Bezeichnung solcher Stellen vor, die sich auch durch anderweitige Gründe als Odinstätten erweisen lassen, z. B. in den Namen Bonthun, Bonkempen, Bonacker, Bombeck (worin n vor b in m übergegangen), Bonhôk oder Bodenhôk. Der Verfasser dieser Schrift ist im Stande, von allen diesen Oertern nachzuweisen, dass sie ehemals dem Odin geheiligt waren; vorläufig aber möge es genügen, den Platz, wo einer dieser Namen, nämlich Bôdenhôk oder Bônhôk, vorkommt, einer eingehenden, genauen Untersuchung zu unterwerfen, damit wir sowohl ihn selbst als Odinstätte, als auch das Wort Bôn, Bônen, Bôden als einen altsächsischen Namen Odins erkennen.

Es entspringt nämlich in der Nähe von Billerbeck, einige Minuten westlich von der Stadt, ein schöner, klarer, wie es scheint, intermittirender Quell, um welchen rings ein grüner, von

Lindenbäumen dicht beschatteter, eine Kapelle tragender Rasenplatz sich erstreckt. Dieser Ort ist weit und breit bekannt unter dem Namen Ludgeribrunnen. Hier, hört man erzählen, habe der h. Ludgerus (der bekanntlich in Billerbeck starb), unseren heidnischen Vorfahren das Evangelium verkündet; hier in dem schönen, klaren Born habe er sie durch die Taufe zu Mitgliedern der christlichen Kirche gemacht; daher heisse der Quell Ludgeribrunnen und der aus ihm fliessende Bach der Lüersbach (d. i. Ludgeribach). Allein als der h. Ludgerus etwa um 791 zuerst in's Münsterland kam, war das Christentum dort bereits zehn Jahre hindurch von dem Abte Bernrad mit so nachdrücklicher Unterstützung vonseiten der fränkischen Macht verbreitet worden, dass die Sachsen, die noch nicht getauft waren und ihr Heidentum retten wollten, mit Todesgefahr sich verbergen mussten. Dies sehen wir aus dem bekannten Capitulare Carl's des Grossen, das im Jahre 785 auf dem Reichstage zu Paderborn verfasst sein soll. [1]) Darin heisst es (§. 8): „Wer hinfort im Volke der Sachsen ungetauft sich verstecken will, und zur Taufe zu kommen unterlässt und Heide bleiben will, der soll des Todes sterben." Die Heiden, die der h. Ludgerus in hiesiger Gegend zu taufen hatte, konnten demnach nur solche sein, die sich vor den christlichen Priestern und den Anhängern der Franken zu verstecken gewusst hatten. Und wo taufte er diese, wenn sie sich endlich zum Christentum bekannten? Jedenfalls dort, wo er solche Handlungen vorzunehmen, durch den kirchlichen Gebrauch verpflichtet war, also in Gotteshäusern und in geweihtem Wasser, nicht auf freiem Felde und in Quellen und Bächen. Notfälle, die eine so auffallende Ausnahme gestattet hätten, konnten ja in münsterländischen Gegenden nicht mehr vorkommen. Die vorgebliche Ueberlieferung, dass der Ludgeribrunnen eine Taufstätte des ersten Bischofs von Münster gewesen, ist demnach wohl nichts anderes, als eine neuere, irrthümliche Vermuthung. Aber was hat denn der Brunnen zu bedeuten? Stammt sein Name „Ludgeribrunnen" vielleicht aus späterer Zeit, etwa

---

[1]) Vergl. Otto Abel, Einhard's „Jahrbücher" zum Jahr 785.

aus der Blüte des Mittelalters oder gar aus den neueren Jahrhunderten? Keineswegs; denn da er im Munde des Volkes immer nur „de Brunn" heisst, dieses Wort aber offenbar das altsächsische brunno ist (Heli. 3915), das sich im mittelmünsterschen Sprachschatz bereits verloren hat [1]), so schliessen wir mit Recht, dass er seine Benennung schon der altsächsischen Zeit zu verdanken habe. Wir kommen aber der Veranlassung derselben dadurch auf die Spur, dass wir auf den Ort, wo der Brunnen sich befindet, unsere ganze Aufmerksamkeit richten. Dieser Ort heisst nämlich Alstedde und zwar die mittlere Alstedde, welche östlich von der vorderen und westlich von der hinteren oder grossen Alstedde begrenzt wird.

Den Namen Alstedde aber tragen noch viele andere Oertlichkeiten im Münsterlande oder in dessen Nachbarschaft, z. B. ein Dorf im Kreise Ahaus, eine Bauerschaft bei Heek, eine im hiesigen Kirchspiel, eine bei Lünen, eine bei Ibbenbüren, eine bei Herne. Auch die Bauerschaft Alst bei Leer, worin das Gut des Freiherrn von Schorlemer-Alst gelegen ist, sowie die Bauerschaft Alst bei Albersloh führen jenen Namen in verkürzter Form. Am besten kann man dies wahrnehmen in der erwähnten Bauerschaft bei Lünen, die Alstedde geschrieben, vom Volke aber Alst gesprochen wird.

Was bedeutet denn eine solche Menge von Alstedden? Was heisst der zusammengesetzte Name? Das Grundwort ist ohne Zweifel das altsächsische Substantiv stedi (Stelle, Stätte; im Heliand männlichen und weiblichen Geschlechtes), das seine Endung in e geschwächt, sein d aber wegen des vorhergehenden kurzen Vokals verdoppelt hat. Das Bestimmungswort al aber kann nicht von dem altsächsischen Eigenschaftswort ald (alt) herrühren, wie eine frühere Behörde mit solcher Sicherheit zu erkennen glaubte, dass sie Bauerschaft „Altstädde" zu schreiben anfing. Denn die niederdeutsche Sprache hat das kurze a vor

---

[1]) Wenn noch jetzt irgend ein Münsterländer in plattdeutsher Unterhaltung das Wort Brunnen gebraucht, so entnimmt er es dem Hochdeutschen, versteht auch nicht eine Flussquelle darunter, sondern einen Schöpfbrunnen; letzterer heisst im Altsächsischen putte.

ld und lt immer zu o getrübt, wie viele Beispiele zeigen, z. B. wold, (Wald), gewolt (Gewalt), holden und hollen (halten), kold (kalt), solt (Salz), enfold (Einfalt), vöwolter (Verwalter) u. s. w. Ja gerade in dem Eigenschaftswort ald scheint diese Trübung des a zuerst stattgefunden zu haben, und zwar schon in altsächsischer Zeit; denn in einem Heberegister der Abtei Werden, das dem neunten Jahrhundert angehört, steht bereits Ollen-huvil neben Allen-huvil und in einem anderen Verzeichniss aus dem zehnten Jahrhundert Olden-akaron neben Aldun-akkaron[1]). Auch die altsächsischen Glossen zu Isidors Etymologieen aus dem achten bis neunten Jahrhundert haben schon old statt ald.[2]) Im Mittelmünsterschen aber wurde diese Form die einzig gebräuchliche, wenigstens in der reinen, ungemischten Sprache. Denn wenn einzelne münsterländische Ortsnamen auch später noch alt zeigen, wie z. B. Altenvorde bei Gescher (Chron. 175), so rührt dies von Verhochdeutschung des Namens her, wie schon aus der Setzung der tenuis (t) statt der media (d) erhellt. Aus dem Gesagten folgt, dass das Wort Alstedde, wenn es aus ald und stedi zusammengesetzt wäre, jetzt nothwendig Oldstedde oder mit Assimilation des d Ollstedde und mit Vereinfachung des l Olstedde, nie und nimmer aber Alstedde heissen würde. Auch kann weder das Adjectiv al noch die adverbiale Form desselben Bestimmungswort in jenem Namen sein, weil eine solche Zusammensetzung keinen Sinn hätte. Es bleibt daher nichts anderes übrig, als anzunehmen, dass nach der Silbe al die beiden Buchstaben ah in grammatisch zulässiger und gebräuchlicher Weise ausgefallen seien, so dass das Bestimmungswort ursprünglich alah geheissen habe. Und zwar muss dieser Ausfall bereits im Altsächsischen geschehen sein, weil derselbe, wenn er erst im Mittelmünsterschen stattfand, einer Ersatzdehnung in der Silbe al gefolgt wäre, so dass diese jetzt nicht kurzes a haben, sondern wie ahl lauten würde.[3]) Ist denn aber aus dem Sprachgebrauch und den Laut-

---

[1]) Heyne altniederdeutsche Eigennamen S. 21.
[2]) Heyne kleine altniederd. Denkmäler, Strassburger Glossen 79.
[3]) Vergl. Karl Nerger's Grammatik des mecklenburgischen Dialektes. Leipzig 1869. Seite 22—25.

gesetzen der altsächsischen Mundart eine solche Wortverkürzung erklärlich? Allerdings. Wie nämlich in manchen Wörtern, die in den schriftlichen Quellen dieses Dialektes vorkommen, ein h im Auslaut wegfällt, z. B. in frâ (froh) neben frâh, in fera (Leben) neben ferah, in thuru (durch) neben thurh [1]), und wie daher die Zusammensetzung nâ-bûr (Nachbar) für nâh-bûr steht [2]), und hô-getîd [3]) (Hochzeit) für hôh-getîd, so ist auch in altsächsischen Orts- und Personennamen, z. B. in Ala-thorp und Ala-ward [4]) (Heiligthumshüter) das h von alah abgeworfen und bloss ala geblieben. Allein auch das kurze a im Auslaut von ala musste mit dem h fallen. Denn wie die altsächsische Sprache in Uebereinstimmung mit der althochdeutschen [5]) zwischen muta und liquida gern a einschiebt, z. B. in arabêd statt arbêd (Arbeit), in anagin (Anbeginn) statt angin, in alahwit (ganz weiss) statt alhwit, in beraht (glänzend) statt berht, so hat sie auch in alah die zweite Silbe durch Einschiebung von a gebildet; dies ergibt sich aus dem Ulfilas, bei dem jenes Wort alhs heisst. Daraus folgt, dass, wenn das auslautende h von alah abgeworfen wurde, auch das a, welches nur des h wegen stand, in der Regel gleichfalls abfallen musste. Daher erscheint denn schon sehr früh in altsächsischen Zusammensetzungen das Bestimmungswort alah zu al gekürzt, z. B. in Al-berg und Alburg, Namen, die den Verzeichnissen der Abtei Werden entnommen sind und dem neunten und zehnten Jahrhundert angehören. [6]) Ebenso findet sich in derselben Quelle im neunten Jahrhundert bereits Al-stedi, das mit unserem jetzigen Alstedde ein und dasselbe Wort ist. — Es kann demnach gar keinem Zweifel unterworfen sein, dass Alstedde, der Name so vieler münsterlän-

---

[1]) Heyne, kleine Laut- und Flexionslehre der altgermanischen Dialekte. Seite 114.
[2]) Fr. Heb. 113.
[3]) Essener Heber. 7, 9, 14.
[4]) Beide Namen stehen in dem Verzeichnisse der Abtei Werden aus dem neunten und zehnten Jahrhundert. S. Heyne altniederdeutsche Eigennamen. Seite 27.
[5]) S. Heyne kleine althochd. Grammatik. S. 27.
[6]) Vergl. Heyne Eigennamen S. 2.

dischen Ortlichkeiten, aus alah und stedi (Stätte) zusammengesetzt ist, ebenso Aldorf oder Aldrup aus alah und thorp, Albachten aus alah und bahtun u. s. w.

Was heisst denn alah? Im Heliand, wo es an vielen Stellen vorkommt, bezeichnet es immer den jüdischen Tempel, z. B. v. 103, 107, 181, 464, 393, 504, 3766 u. s. w. Desgleichen bei Ulfilas, wo es, wie schon erwähnt, alhs lautet.[1]) Weil aber das Wort auch in manchen Ortsnamen vorkommt, die aus einer Zeit stammen, worin unsere Vorfahren noch keine Tempel bauten, sondern an Quellen, Flüssen und in Hainen ihre Götter verehrten, so muss offenbar alah nicht bloss einen Tempel, sondern ursprünglich überhaupt ein Heiligtum, eine der religiösen Verehrung gewidmete Stätte bedeutet haben.

In diesem Sinne steht es in den altdeutschen Ortsnamen Alahbrunn, Alahesfelt, Alahstat, Alahmunting, Alaholvesbach u. s. w.[2]) In diesem Sinne ist es auch Bestimmungswort in Alstedde; denn die münsterländischen Alstedden zeigen (mit Ausnahme des gleichnamigen Dorfes) nirgends Spuren von christlichen Kirchen. Sie waren Schauplätze der vorchristlichen Religionsübung unseres Volkes; Thor, Odin, Tiu und andere deutsche Götter wurden in ihnen unter freiem Himmel verehrt. Quellen, Flüsse, Bäche, Wasserrinnen, die auf einer alten Götterstätte beim Opfer schwerlich entbehrt werden konnten, finden sich noch jetzt in allen Alstedden. Die Stelle des Altares, der in der Regel ein einfacher, grösserer oder kleinerer Granitblock war, kann hie und da noch aus den vorkommenden Namen bestimmt werden, desgleichen der Ort, wo die Volksversammlungen an solchen Plätzen gehalten wurden, ja in der Billerbeckschen Bauerschaft Alstedde wahrscheinlich sogar die Stelle, wo jene Speisen und Getränke zu Ehren der Götter bereitet wurden, deren Genuss dem Adeligen bei 60, dem Freien bei 30, dem Liten bei 15 Schillingen Strafe durch das Capitulare von 785 verboten wurde. Dieses Alles wird der Verfasser in seinem künftigen Schriftchen

---

[1]) Matth. 27, 51; Marc. 15, 38; Luc. 1, 22; 1. Cor. 6, 16.
[2]) S. Georg Phaler deutsche Alterthümer. Neue Ausgabe. S. 714.

über die Thuner- und Tiestätten weitläufiger ausführen; zum Zweck unserer jetzigen Untersuchung reicht das Ergebniss hin, dass der Ludgeribrunnen, weil er in einer Alstedde fliesst, mit dem Namen eines christlichen Heiligen eine heidnische Götterstätte schmückt. Diese Erscheinung, die so oft in ganz Deutschland, besonders im alten Sachsenlande wiederkehrt, veranlasst uns jetzt zu einer ausführlicheren Erörterung, damit wir nicht nur Ursprung und Bedeutung des Ludgeribrunnens, sondern auch die Kennzeichen und Merkmale der münsterländischen Göttersitze überhaupt feststellen.

§. 4.

Die Götterstätten und das Christentum.

Unsere Vorfahren hingen mit einer solchen Zähigkeit an ihrer alten Religion, dass sie nach ihrer Bekehrung zum Christentum die Stätten, wo sie früher die Götter verehrt hatten und zu Beratungen und Festmahlen zusammengekommen waren, ihrer Gewohnheit gemäss zu besuchen fortfuhren. Eine der wichtigsten Stellen hierfür enthält Adam von Bremen (der um 1070 lebte), in seiner Hamburgischen Kirchengeschichte II, 46, wo er von Unwan, dem zwölften Bischof Bremens, also erzählt: „Er verordnete auch, dass alle heidnischen Gebräuche, deren abergläubische Beobachtung noch in diesem Lande herrschte, von Grund aus entfernt werden sollten. So liess er die Haine, welche unsere Marschbewohner in thörichter Verehrung besuchten, niederhauen und davon die Kirchen durch den ganzen Sprengel neu bauen."

Dies geschah, da Unwan von 1013 bis 1029 Bischof war, noch etwa 230 bis 240 Jahre nach Einführung des Christentums und Gründung des Bistums (788). Um nun solche alte, eingewurzelte Gewohnheiten, von denen unsere Vorfahren nicht lassen wollten, unschädlich zu machen, suchte man denselben von kirchlicher Seite christliche Gebräuche und Gesinnungen gleichsam unterzuschieben, indem man die Vorschrift befolgte, welche Papst Gregor der Grosse in einem Briefe an den Abt Mellitus und den

Erzbischof Augustinus in Betreff der Angelsachsen gegeben hatte.[1]) Man solle ja nicht, schreibt Gregor, die angelsächsischen Götzentempel zerstören, sondern sie nach Vernichtung der Götzenbilder mit Weihwasser besprengen, Altäre bauen und Reliquien hineinlegen, damit das Volk, wenn es seine Kirchen verschont sähe, von Herzen seinen Irrtum ablege — — und um so lieber an den Stätten, wo es gewohnt war, sich versammele. Auch die Sitte der Götzenopfer solle man in eine christliche Feierlichkeit umwandeln. „Die Leute", schreibt Gregor, „sollen sich am Tage der Kirchweihe oder am Gedächtnistage der heiligen Märtyrer, deren Reliquien in ihren Kirchen niedergelegt werden, aus Baumzweigen Hütten um die ehemaligen Götzenkirchen machen, den Festtag durch religiöse Gastmäler feiern, nicht mehr dem Teufel Tiere opfern, sondern sie zum Lobe Gottes zur Speise schlachten. — — Denn solchen rohen Gemütern auf einmal alles abzuschneiden, ist ohne Zweifel unmöglich, und auch derjenige, der auf die höchste Stufe steigen will, kommt durch Schritt und Tritt, nicht durch Sprünge in die Höhe." Diese kluge Verordnung Gregor des Grossen ist hinfort überall bei der Bekehrung der germanischen und slavischen Völker in einer Weise, die den jedesmaligen Umständen entsprechend war, und je nach Bedürfnis ausgeführt worden. Desshalb lässt sich von so manchen Kirchen und anderen heiligen Stätten Deutschlands nachweisen, dass sie auf Schauplätzen des ehemaligen heidnischen Cultus angelegt sind.

Bei uns im Münsterlande verhält sich die Sache so: Während unsere christlich gewordenen Vorfahren ihre früheren heidnischen Götter nach der Sprache der Kirchenväter und der Päpste als Teufel bezeichneten[2]), daher ihre Opferstätten Hellen, Hellen-

---

[1]) Beda eccles. hist. c. 80.

[2]) Vergl. Capitul. von 785: „Wer einen Menschen dem Teufel opfert und ihn nach heidnischer Sitte den bösen Geistern als Opfer darbringt" u. s. w. (§. 9). Ferner: „Wer zu Ehren der bösen Geister speist" (§. 21). Auch obiger Ausdruck Gregors gehört dahin: „Sie sollen nicht mehr dem Teufel Tiere opfern."

felder, Hellenthäler, Teufelsbüsche, Teufelskämpe, Teufelskammern, Balskämpe (von balu, Verderben) u. s. w. nannten, legten sie neben oder gar auf diesen Plätzen sehr häufig Hilgenfelder oder Hilgenbüsche an, Hilgenesche, Hilgenbreiden, auch Himmel, Himmelsbüsche, Hemel, Heven (von dem alts. hebhan Himmel), u. s. w. Eine grosse Anzahl von Beispielen könnte der Verfasser anführen; einige aus der nächsten Nachbarschaft mögen genügen. In der Billerbeck'schen Bauerschaft Alstedde, die früher ein dem Thor geweihter Götterhain war und die Einrichtungen eines solchen Haines noch jetzt deutlicher erkennen lässt, als vielleicht irgend ein anderer Ort in Deutschland, liegt nicht nur ein Teufelsbusch und Teufelskamp, sondern neben einer heidnischen Wihda (d. h. geweihtes Wasser) auch ein Hilgenbusch; desgleichen auf der vorderen Alstedde bei Billerbeck, die, wie wir nachweisen können, dem Tiu (Saxnote) geweiht war, ein Hilgenesch; ebenso auf einer Thorstätte in der Bauerschaft Hamern der grosse Hilgenesch. In derselben Bauerschaft grenzt an den heidnischen Wihdelesesch, d. h. Esch des geweihten Heiligtums (wihd-alahes-esk) der Hemel (Himmel) und der Hemelskamp. Gleichfalls hat eine leicht nachweisbare Thorstätte in der Bauerschaft Bombeck den Namen Christenthal erhalten; denn nur so darf, wie wir unten zeigen werden, Kiessendal übersetzt werden. In derselben Gegend gibt es auch einen Mikenberg (d. h. Marienberg). Endlich kennt auch die Bauerschaft Aulendorf unmittelbar neben dem ehemaligen Götterhain Wihdholt (d. h. geweihtes Holz) einen Hilgenkamp. Alle diese und noch andere christlich benannte Stätten neben oder auf den ehemaligen Götterstätten hat die einzige Gemeinde Billerbeck aufzuweisen. Sie kehren wieder in anderen Gemeinden. Im Kirchspiel Darfeld z. B. in der Bauerschaft Höpingen liegt neben dem Bockel, einem unverkennbaren Thorsheiligtum, Hemhofs (eines kleinen Bauern) Himmel. Im Kirchspiel Leer nicht weit von der dortigen Alst in der Bauerschaft Ossendorf sind Höllen- und Himmelsbusch sich einander benachbart. In der Gemeinde Schöppingen trägt eine ganze Bauerschaft, worin sich eine Thorstätte nachweisen lässt, den Namen „Heven" d. i. Himmel.

Alle diese christlichen Benennungen haben dazu gedient, das Andenken an die alten Götter auszulöschen.

Noch ein Beispiel aus einem an Altertümern, wie es scheint, reichen Nachbarorte mag hier als wichtig für unsere Untersuchung Erwähnung finden. Bei dem Dorfe Laer nämlich im Kreise Burgsteinfurt erstreckt sich das Hilgenfeld, das noch vor wenigen Jahren eine Kapelle trug, die den Brüdern Ewaldi, den ersten Glaubensboten und Märtyrern Wesfalens, geweiht war. Dort entspringt der Ewaldibach, der nach einem kurzen Lauf sich in die Steinfurter Aa ergiesst. Auf dies Feld verlegt die Sage den Ort, wo die Brüder Ewaldi mit der Predigt des Evangeliums aufgetreten und von den Sachsen erschlagen sein sollen. Der Bach selbst soll ihrer Gabe, Wunder zu wirken, seinen Ursprung verdanken. Sie seien, erzählt man, zu dem ehemaligen, nunmehr verschwundenen Frohnhof und auf Juffings Erbe gekommen, und auf die Klage der Besitzer, dass ihnen gesundes Trinkwasser fehle, hätten sie vor der Hausthür ihren Stab in die Erde gestossen; alsbald sei ein schöner, nie zufrierender Bach mit reicher Wasserfülle dem Boden entströmt und in der Folge Ewaldibach genannt worden. Auffallende Aehnlichkeit hat diese Sage mit derjenigen von der Entstehung des Ludgeribrunnens bei Billerbeck. Der h. Ludgerus soll nämlich in die Bauerschaft Bockelsdorf zu dem Hofe Schürmann gekommen und dort durch das Jammern der Hausfrau über Wassermangel und über den Schaden, den die wilden Gänse an den Saaten anrichteten, gerührt worden sein. Da habe er, berichtet die Sage, die Gänse zusammenberufen und sie aus dem Lande verwiesen. Nur zwei habe er bei sich behalten, sie in den trockenen Brunnen des Hofes geworfen und die Leute ersucht, dass sie Acht haben möchten, wo dieselben wieder zum Vorschein kämen. Sie seien dann auf der mittleren Alstedde bei Billerbeck an's Licht gekommen, und nachgestürzt sei ihnen jener schöne Quell, der nach Ludgerus benannt wird, und der Bach, der in diesem Quell entspringt, und jezt Lüersbach (Ludgeribach) heisst.

Die Aehnlichkeit beider Sagen führt uns zu weiterer Vergleichung. Da nämlich der Ludgeribrunnen und der Lüersbach auf einer Alstedde fliessen und mithin einer ehemaligen Götterstätte angehören, so wird es auch mit dem Ewaldibach eine gleiche Bewandnis haben, um so mehr, da ja die Brüder Ewaldi unmöglich in Laer gelehrt und den Martertod gefunden haben können. Denn ihre Leiber wurden — im Rhein gefunden und dann auf der Stätte ihres Todes begraben (wahrscheinlich um 690). Hier liess sie der **Frankenherzog Pipin** erheben und nach Cöln bringen.[1]) In Laer haben somit die Ewaldi nicht gelebt und gelitten. Dennoch haben sie auch in diesem Dorfe gewirkt, — aber erst **nach ihrem Tode**. Gleich nach Einführung des Christentums nämlich hat ihre Verehrung auf einem heidnischen Göttersitze, auf dem jetzigen Hilgenfelde bei Laer, dazu beitragen müssen, die früheren religiösen Gewohnheiten und Erinnerungen zu beseitigen, ebenso wie dies die Verehrung des h. Ludgerus auf der Alstedde bei Billerbeck bewirkte.

Beide Quellen, der Ludgeribrunnen und der Ewaldibach, haben auch noch dies mit einander gemein, dass sie ihren Namen von Glaubensboten unseres Volkes tragen, und dadurch in die lange Reihe jener anderen Quellen treten, welche in unserem deutschen Vaterlande nach den ersten Aposteln der verschiedenen Gegenden benannt sind. So führen die vielen Willibaldsbrunnen in dem baierischen Nordgau ihren Namen von dem h. Willibald, dem ersten Bischof von Eichstädt, dem Gehülfen des h. Bonifacius. Zu Pyritz in Pommern zeigt man den Ottobrunnen, der dort das Andenken des Bischofs Otto von Bamberg erhält, des Apostels der Pommern. Der sogenannte Siebenröhrbrunnen in Heilbronn wird von der Sage mit der Wirksamkeit des h. Kilian, des berühmten Glaubensboten am Main und Neckar, in Verbindung gebracht. Die Hauptkirche nahe bei dem Brunnen heisst Kilianskirche, und der Quell selbst Heiligenbrunnen. Was aber alle diese nach Glaubensboten benannten Quellen wahrscheinlich zu bedeuten haben, zeigt am besten der ehemalige **Willibrordsbrunnen auf der Insel Helgoland**.[2]) Diese Insel hiess in vor-

---

[1]) Vergl. Wetzer und Welte Kirchenlexikon unter dem Worte „Ewald".
[2]) Mone Geschichte des Heidentums u. s. w. II, 70 u. 219.

christlicher Zeit Fositesland, weil sie, von nur wenigen Menschen bewohnt, Heiligtum des Gottes Fosite war, welchem hier Herden, ein Altar und ein Quell geweihet waren. Aus dem Quell wurde nur stillschweigend und in Gegenwart des Oberpriesters, des dänischen Königs, unter Erwartung der heilsamsten Wirkungen getrunken.[1]) Das Eigentum des Gottes galt für so heilig, dass jeder, der ein Stück von den Herden oder die zum Opfern dienenden Werkzeuge auch nur berührt hatte, mit schmerzvollem Tode bestraft wurde. Als nun der h. Willibrordus, Apostel und erster Bischof der Friesen, nach jener Insel kam, und drei Menschen im Fositequell zu taufen und sogar von den Opfertieren einige zum Unterhalt der Seinigen zu schlachten wagte, ward er alsbald nebst allen seinen Gefährten ergriffen, und verdankte nur dem Lose, das täglich dreimal über ihn geworfen wurde und immer zu seinen Gunsten ausfiel, die Erhaltung seines Lebens. Die Bekehrung der Friesen ward darauf mit grosser Beharrlichkeit fortgesetzt, nicht nur von Willibrord, sondern auch von Bonifacius, Lebuin, Gregor von Utrecht, endlich vom h. Ludger, dem späteren Bischof Münsters. Der letztere ging auch hinüber nach Helgoland, zerstörte die Heiligtümer Fosites, gewann die Einwohner für das Christentum und taufte sie. Und was wurde nun aus dem h. Quell, aus dem man, um die reichsten Segnungen zu empfangen, unter so ausserordentlicher Feierlichkeit getrunken hatte? Er wurde fortan Willibrordusbrunnen genannt; Fosites Andenken erlosch. Auch die Insel hiess in der Folge nicht mehr Fositesland, sondern helecha-lond, später Helgoland, d. h. Heiligenland, welcher Name zu den münsterländischen Hilgeneschen, Hilgenkämpen, Hilgenbüschen u. s. w. merkwürdig stimmt. Wir sehen hieraus, was solche Benennungen bezweckten. Sie sollten die Erinnerung an die alten Götter und Göttersitze verwischen. Ebenso wie auf Helgoland, ist dieser Zweck erreicht auf dem Hilgenfelde zu Laer und beim Ludgeribrunnen

---

[1]) Alcuini vita St. Willibrordi bei Mabill. acta Ssorum. III, p. 1, Seite 609.

auf der mittleren Alstedde zu Billerbeck. Letzterer ist jedoch durch das Wort Alstedde für einen Sprachkenner als Götterstätte erkennbar geblieben.

Ja, auf dieser Stätte lässt sich noch ausmachen, welchem deutschen Gotte sie ehemals geheiligt war, und unter welchem Namen derselbe in hiesiger Gegend verehrt wurde. Dies festzusetzen ist Aufgabe der folgenden Abhandlung.

§. 5.

Der Ludgeribrunnen bei Billerbeck auch eine Odinstätte.

Gelehrte Altertumsforscher haben mit Recht aufmerksam gemacht auf die Dreiheit der deutschen Götter, die sich sowohl in alten Aufzählungen, als auch besonders in der Anlage der heidnischen Cultusstätten bei den verschiedenen Volksstämmen zu erkennen gibt. Schon Cäsar[1]), der römische Namen auf deutsche Ideen überträgt, bezeichnet als Gottheiten der Germanen drei, Sol, Vulkan und Luna; Tacitus nennt andere, aber drei, Merkur, Herkules und Mars.[2]) In dem altsächsischen Gelöbnis, das unsere Vorfahren zur Zeit Carls des Grossen bei der Taufe ablegen mussten, versprachen sie: ec forsacho allum diaboles wercum and Wordum, Thuner ende Woden ende Saxnote ende allum them unholdum, the ira genotas sint, d. h. ich widersage allen Werken und Worten des Teufels, Thuner und Woden und Saxnote, und allen den Unholden (Teufeln), die ihre Genossen sind. Dies war die Götterdreiheit der Sachsen. Bei den Friesen sind nach Mone überhaupt nur drei Götter nachweisbar, Thor, Woden und Fosita. Bei den Schweden hatten nach dem Berichte Adams von Bremen die drei Hauptgötter in einem goldenen Tempel zu Upsala ihre Bildsäulen. Thor als der mächtigste hatte mitten im Speisesaal seinen Thron, rechts

---

[1]) De bell. gall. 6, 21.
[2]) Germ. 9.

und links sassen Wodan und Fricco.¹) Auch bei den Baiern, Franken, Hessen, Longobarden, Schwaben, Burgundern bezogen sich nach Mone die Cultusstätten auf eine Dreiheit der Hauptgötter. ²) Am deutlichsten aber fällt dies bei den Nordalbingern in die Augen, im jetzigen Holstein im Lande der Dithmarschen. Dort fand Bolten, der Verfasser einer ausführlichen Geschichte der Ditmarschen, bei den Dörfern Schrum und Arkebek drei Altäre von Osten nach Westen in einer Entfernung von einhundert bis zweihundert Schritt hintereinander stehen. ³) Sie sind offenbar mit ihren Zwischenräumen als gesonderte Götterstätten zu betrachten und haben mit den drei nach einanderliegenden Alstedden bei Billerbeck, der vorderen, mittleren und hinteren, grosse Aehnlichkeit. Es kehrt aber dieselbe Erscheinung in eben derselben Gegend abermals wieder auf dem Brutkamp bei Alversdorf, der in Wagners Handbuch der Altertümer Deutschlands (Taf. IV, Fig. 30) abgebildet ist. In einem von Westen nach Osten sich hinziehenden Haine liegt hier ein viereckiger freier Platz, der den Eingang im Westen hat, und durch Baumreihen, die ohne Zweifel ursprünglich quer durch das ganze Viereck liefen, in drei Höfe geteilt wird. Die beiden ersten dieser Höfe sind leer; in dem dritten ruht der Altar auf fünf starken Pfeilern. Die Platte des Altares ist 10¹/₂ Fuss lang, 8¹/₂ Fuss breit und 4¹/₂ Fuss dick; sie hat in der Mitte eine kleine Rinne. Um den Altar liegen an zwei Seiten Steinreihen, die aller Wahrscheinlichkeit nach dazu gedient haben, den dritten Hof zu begrenzen. Wiederum ist die Aehnlichkeit mit den Billerbeckschen drei Alstedden, bei denen die Grenzen nicht durch Baumreihen, sondern durch Bäche und eine Wasserrinne (Waterfohr) gebildet werden, nicht zu verkennen. Um aber noch durch ein recht auffallendes Beispiel darzuthun, wie viel bei den heidnischen Deutschen in ihren religiösen Vorstellungen die Dreizahl der Götter gegolten habe, mag hier noch folgende Nachricht aus einer im

---

¹) Hamburgische Kirchengeschichte 4, 26.
²) Mone Geschichte des Heidentums u. s. w. II, S. 219, 66, 276, 163, 83 u. s. w.
³) Bolte, Dithm. Gesch. Flensburg 1781. Th. I, S. 248—254.

achten Jahrhundert verfassten Lebensbeschreibung des h. Gallus mitgeteilt werden. Die beiden Glaubensboten Columbanus und Gallus fanden zu Bregenz am Bodensee eine Kirche der h. Aurelia durch heidnischen Götzendienst entweiht. „Daselbst", erzählt die Lebensbeschreibung, „verehrte das abergläubische Volk drei eherne und vergoldete Götzenbilder, denen es mehr anhing und mehr Gelübde darbrachte, als dem Schöpfer der Welt. Desshalb trug der Mann Gottes Columbanus aus Verlangen, den Aberglauben zu vernichten, dem Gallus auf, eine Rede an das Volk zu halten. Denn dasselbe hatte sich zahlreich versammelt zu der herkömmlichen Feierlichkeit im Tempel." Nachdem nun Gallus eine eindringliche und wirksame Predigt gehalten, „zerschmetterte er vor den Augen Aller die weggenommenen Götzenbilder und schleuderte sie in die Tiefe des Sees. — Und es segnete Columbanus Wasser, weihete die verunreinigten Oerter und gab so der Kirche der h. Aurelia die frühere Ehre zurück."

Also ein christliches Heiligtum, eine Kirche der h. Aurelia, war von den Schwaben missbraucht worden zur Herstellung der heidnischen Religionsübung. Und was hatten sie alsbald wieder eingeführt? — Die alte Götterdreiheit der Deutschen.

Nunmehr begreifen wir, was die drei Alstedden, die an der Westseite der Stadt Billerbeck liegen und durch Wassergrenzen von einander getrennt sind, zu bedeuten haben. Sie entsprechen der Götterdreiheit unserer Vorfahren, der Sachsen, also den im oben angeführten Taufgelöbnis vorkommenden Göttern Thuner, Woden und Saxnote. Der Verfasser wird in dem Schriftchen über die Thuner- und Tiestätten mit anderen Gründen nachweisen, dass die sogenannte hinterste oder grosse Alstedde dem Thuner oder Thor geweiht war, die vorderste hingegen dem Tiu oder Saxnote; mithin musste die mittlere, die den berühmten Ludgeribrunnen trägt, für den Cult des Woden bestimmt sein. Woden steht ja auch immer in der Mitte, nicht nur in dem Taufgelöbnis, sondern auch in der Reihenfolge der Wochentage (Gudenstag oder Wodenstag ist Mittwoch) und auf den anderen Cultusstätten, die in hiesiger Gegend der Götterdreiheit gewidmet waren. Hiervon werden wir Beispiele im §. 7 anführen.

In Woden oder Odin erkennen wir mithin den Gott der mittleren Billerbeckschen Alstedde. Dieser Entdeckung vermögen wir dadurch Sicherheit und Gewissheit zu verschaffen, dass wir sogar den Namen des Gottes in seinem früheren Heiligtum aufzufinden, im Stande sind.

Auf demselben Platze nämlich, wo jetzt der klare Quell, der Ludgeribrunnen, sich ergiesst, muss ehemals, wie aus §. 4 einleuchtet, die Opferstätte Odins gelegen, sein Altar gestanden haben. Wenn wir nun auf diesem Platze mit dem Gesichte in der Richtung der drei Alstedden nach Osten uns wenden, so sehen wir den Ort, der dem h. Ludgerus geweiht ist, den sogenannten Brunnenplatz, vor uns durch eine gerade laufende Hecke von den benachbarten Grundstücken getrennt. Unmittelbar vor dieser Hecke liegen zwei kleine Gärten, die ehemals zu dem Haupthofe Billerbeck, dem sogenannten Richthofe, gehörten, und im Anfang dieses Jahrhunderts mit dem Hofe selbst an den Fürsten von Salm-Horstmar gefallen sind. Durch diese beiden Gärten, die augenscheinlich in irgend einer früheren Zeit mit dem Brunnenplatz zusammengehangen haben, wird uns über die Entstehung des Ludgeriheiligtums eine gegründete Vermutung nahe gelegt. Der Richthof nämlich oder Haupthof Billerbeck, zu dem die Gärtchen gehörten, war, wie fast immer die Haupthöfe, Priestersitz für die benachbarten Alstedden. Einen bestimmten Beweis hierfür haben wir in einem Namen. Wenn man nämlich vom Richthofe aus zu der nahegelegenen vorderen Alstedde geht, betritt man eine zu dem Hofe früher gehörende, bedeutende Fläche Ackerlandes, welche im Munde des Volkes Weinenskamp heisst. Weinen oder Wênen entstand aber, wie wir bald zeigen werden, aus dem altsächsischen wihian „weihen". Der gen. des part. praes. weinendes wurde durch Ausfall des d verkürzt in weinens. Weinenskamp heisst also Kamp des Weihenden, „Priesterkamp". Es scheint, dass die so benannte Grundfläche damals an den Richthof gekommen ist, als nach Einführung des Christentums die benachbarte Alstedde, — wie man jetzt sich ausdrückt — secularisirt wurde. Sicher fiel auch auf der mittleren Alstedde die Stelle der Götterquelle, die Opferstätte des Odin, an denselben Priesterhof. Der Besitzer des Hofes gab nun aber ein Stück dieses Eigentums an die Kirche zur Errichtung des Ludgeriheiligtums; das andere Stück, die beiden Gärten, blieben bei dem Hofe und kamen mit demselben in Besitz des Fürsten von Salm-Horstmar. In diesem Anteil nun, der von der alten Opferstätte Odins übrig geblieben ist, in den beiden Gärtchen, findet sich der Name des Gottes bis zu diesem Augenblick erhalten. Der Verfasser hat sich Mühe gegeben, durch eine Menge von Zeugen, die entweder in der Nachbarschaft Grundbesitz hatten oder die Gärten auf längere Zeit gemiethet hatten oder aus anderen Gründen mit der Oertlichkeit genau bekannt waren, sicher und bestimmt festzusetzen, wie der Raum, den die beiden Gärten einnehmen, vom Volke genannt wird. Und was war die einstimmige Aussage? Er heisst Bôdenhôk und Bônhôk; einmal wurde auch Boadenhôk und Boanhôk gesprochen. Das Grundwort dieses Namens heisst Ecke, Ackerstück; das Bestimmungswort aber, Bôden, ist nach der Grammatik der münsterschen Mundart nicht nur einerlei mit Bôn, sondern auch mit Bônen, dem Bestimmungsort in Bonenjäger. Bôden, Bôn und Bônen sind in hiesiger Gegend ein und derselbe Name Odins. Dies haben wir im Folgenden nachzuweisen.

§. 6.

Bôden, Bôn, Bônen

Wer mit der Grammatik der niederdeutschen Sprache auch nur einigermassen bekannt ist, wird sofort einsehen, dass Bôden und Bôn ein und dasselbe Wort sind. Bôden ist der ursprüngliche altsächsische Name. Daraus ist Bôn hervorgegangen durch eine in allen niederdeutschen Dialekten vorkommende, besonders aber im Münsterschen sehr häufige Zusammenziehung oder Verkürzung, die dadurch bewirkt wird, dass vor einem gar nicht oder doch schwach betonten Vokal ein d oder t wegfällt, oft mit dem Vokal selbst. Wir begegneten schon oben Weinenskamp für Weinendeskamp. Andere Beispiele sind:

Altmünsterisch.	Mittelmünsterisch.	Neumünsterisch.
brôdhar, Bruder (Heliand 4034)	brôder und brôer (Chron. 300)	brôr
môdar, Mutter (Hel. 215)	moder	môer neben môder
fadar, Vater (Hel. 1602)	fader	faer neben fader
vôther, Fuder, (Essen. Heb. 2, 4, 12)	foder (Chron. 107)	fôr
Walgardon, Bauerschaft b. Freckenhorst, (Fr. Heb. 92, 101)	Walgerden	Walgern
ahtodo, der achte (Hel. 441)	achtede (Chron. 147)	achde
luttik, klein (Hel. 3372)	luttick (Chron. 94)	lütk (mit Ausfall des ti)
âdhom, Athem (Hel. 5773)	âdem	aôm
	vadem, Faden (Chron. 298)	fâm
	gadem, Hütte, Bude (Chron. 170)	gâm
	budell, Beutel (C. 145)	büel
	gudenstag, Mittwoch (Chron. 282, 322)	gunsdag
u. s. w.	u. s. w.	u. s. w.

Auch in den anderen niederdeutschen Dialekten finden sich Beispiele in Menge, z. B. im Bremischen bran (braten) statt braden, brögam statt brödegam, brör (Bruder) u. s. w. und im Mecklenburgischen (bei Fr. Reuter) fleere für fleder (Flieder), faure für fauder (Futter) u. s. w.

Ja, bereits im Altsächischen findet sich der nämliche Ausfall des d, und ist hier für unsere Forschung von grosser Bedeutung, weil wir später die Erklärung des Namens Woden darauf stützen werden. Ein deutliches Beispiel bietet uns der alte Name Münsters Mimigerneford, der ohne Zweifel aus Mimigardeneford entstanden ist. Gardene ist der aus gardono geschwächte gen. plur. von gardo (Garten). Fiel das de aus, wie in den obigen Beispielen, so entstand Mimigarneford, das durch Angleichung [1]) des Vokals a an das e der folgenden Silbe Mimigerneford wurde. Auch gehören aus dem Altsächsischen noch hieher die Formen gitrôstôs für gitrôstôdôs (du tröstetest) [2]), und lasto (Hel. 4290) für latisto (Superl. von lat, spät).

Ergebnis: Wie das Substantiv brôder durch Ausfall des d zu broer und bror wurde, so ward der altsächsische Name Bôden durch Ausfall des d zu Boen und Bon. Es kann aber diese Zusammenziehung, wie die Beispiele zeigen, schon im Altsächsischen stattgefunden haben. Schwieriger ist es, darzuthun, wie Bônen, das Bestimmungswort im Bonenjäger, aus Boden hervorgegangen ist. Einzig und allein aus dem münsterschen Dialekt lässt sich diese Veränderung begreifen, weil nur in ihm eine hinlängliche Menge von Beispielen aufzufinden ist, welche beweisen, dass ein inlautender Consonant, namentlich d, t, w und h in den Endsilben zuweilen an ein auslautendes n assimilirt wurde.

Beispiele: 1) Die Klaue hiess im Mittelniederdeutschen klowe. [3]) In der Form, welche dies Wort in den casibus obli-

---

[1]) Solche Vokal-Assimilation ist im Altsächsischen häufiger, z. B. thesoro für thesaro, helogo für helago, mikulun für mikilun (vergl. Heyne kurze Laut- und Flexionslehre S. 41).

[2]) Heyne, Kleine Denkmäler im Index S. 172.

[3]) S. Weigands Wörterbuch unter „Klaue."

quis hatte, klowen, wurde im Münsterschen das w an n assimilirt, so dass klonen entstand. Hieraus bildete sich der neue Nomin. klone, der jetzt allein gebräuchlich ist.

2) Aehnlich erging es mit dem aus dem Böhmischen stammenden bude, münsterisch bôde. Die Assimilation in den cas. obliq. ergab bonen statt boden und dies den jetzigen Nomin. bone (Kuchenbude).

3) Die Schlehe, Frucht des Dornstrauchs, hiess im Althochdeutschen slêha und im Mittelhochdeutschen slêhe. Das Münstersche setzte als zweite Steigerung des Wurzelvokals i statt des hochdeutschen ê den Doppelvokal ei; daher sleihe, in den cas. obliq. sleihen, durch Assimilation sleinen und daraus der jetzige Nomin. schleine.

4) Genau in derselben Weise ergab sich das münstersche schaune (Schote) aus dem um 1425 vorkommenden schode, indem die casus obliqui schoden, später schauden, durch Angleichung zu schaunen wurden.

5) Ebenso wurde aus brâhun (Augenbrauen) zuerst durch Angleichung branen, dann durch zweite Steigerung des Vokals brûnen. Auch das Hochdeutsche hat mit diesem Worte dieselbe Veränderung vorgenommen; denn auch hier findet sich die Form Braunen neben Brauen, diese hat aber bisher, so viel dem Verfasser bekannt ist, noch keine genügende Erklärung gefunden.

6) Die Mohnblume heisst mittelhochdeutsch und baierisch mâhen, althochd. mâhan; daraus ist durch Assimilation von h an n das münstersche maonenblome entstanden.

Auch in Zeitwörtern findet sich die nämliche Erscheinung.

7) Das altsächsische wîhian, weihen, einsegnen, consecrare (Hel. 2855, 4635), ging im Münsterschen durch die zweite Steigerung des i in wêhen und weihen über, und daraus wurde durch Angleichung des h an n wênen und weinen. Belege: „Doch sede men, dat he de kercken to Aschendorp solde enthwênet hebben" (entweihet haben) Chron. S. 306. Der Weinenskamp bei hiesiger Stadt ist bereits oben als Kamp des Weihenden erklärt worden.

8) Das altsächsische tôgian (zeigen) wurde im mittelmünsterschen tôgen und durch Assimilation von g an n tônen. Beleg:

„He (Johan II.) quam in sine stadt Beckum, tonende aldar syne breve." (Chron. 317.) Siehe auch Nieserts Urkundenbuch im Idiotikon. Im Neumünsterschen ist das Wort gänzlich verloren.

Mit noch anderen Beispielen dieser Art mag der Verfasser den geneigten Leser nicht ermüden; die angeführten genügen, um darzuthun, wie Bônen aus Boden durch Angleichung des d an n sich gebildet hat. Die drei Wörter Bôden, Bônen, Bôn verhalten sich demnach also: Boden ist zu Bonen geworden durch Assimilation, zu Bon durch Contraction. Alle drei aber sind ein und derselbe Name Odins, wie er im Worte Bonenjäger und auf heidnischen Cultusstätten der hiesigen Gegend vorkommt.

Leicht könnte jetzt Jemand auf die Vermutung kommen, dass Wôden und Bôden gleichfalls ein und dasselbe Wort seien, da in den niederdeutschen Dialekten b und w für einander sich finden, und zwar nicht blos im Inlaut, wo der Uebergang von b (bh) in w ganz gewöhnlich ist, sondern auch in vereinzelten und äusserst seltenen Fällen im Anlaut. Allein eine solche Vermutung würde durchaus irrtümlich und unzulässig sein. Um uns hiervon zu überzeugen und zugleich eine brauchbare Grundlage für die Erklärung des Wortes Boden zu gewinnen, müssen wir solche Götterstätten aufsuchen, auf denen der Name Bôn in neumünsterscher Form sich vorfindet. Denn durch diese Form muss sich herausstellen, ob das ô in Boden der sogenannten A-Reihe der altsächsischen Vokale angehört oder der U-Reihe. Hiermit wird die richtige Deutung des Wortes enge zusammenhangen.

§. 7.
Eine dritte und vierte Odinstätte.

Wie bei Alversdorf in Holstein, wiederholt sich auch bei Billerbeck im Kreise Coesfeld mehrmals die Dreiheit der Götterstätten, und zwar bei Billerbeck öfter als bei Alversdorf. In der Billerbeckschen Bauerschaft Osthellen liegt z. B. ein Grundstück von etwa sechs Morgen Grösse, in dessen Benennung Ahlskamp der verkürzte Genitiv von Alah Bestimmungswort ist, so dass der Name so viel als „Heiligtumskamp" bedeutet. Diese Stätte ist durch Hecken in drei Teile geschieden, in den grössten, mittelsten und niedesten (untersten) Ahlskamp, gerade wie der Brutkamp bei Alversdorf durch Baumreihen in drei Höfe, und das Heiligtum an der Westseite von Billerbeck durch schmale Wassergrenzen in drei Alstedden geteilt ist. Ebenso erstreckt sich etwa 10 bis 12 Minuten nordöstlich von dem oben besprochenen Ludgeribrunnen nochmals ein dreifach gegliederter Göttersitz, Wihgarden, Bonacker, Wihbreide (oder Wihinkbreide) nebst Sunnenbrink. Der letztere Teil war, wie es scheint, dem Freir oder Fricco gewidmet, der erste trägt, wie wir in dem Schriftchen über die Thuner- und Tiestätten erörtern werden, sehr deutlich und unverkennbar die Merkmale der Thorstätten; der mittlere aber war, wie sein Name anzeigt, ein „Feld des Bōn oder Odin"; denn akkar, das im Neumünsterschen verloren scheint, bedeutet im Altsächsischen „Feld". Auf diesem Bonacker lag in früherer Zeit ein alter Opferstein, der in der Mitte eine kleine runde Höhlung, ein Opfernäpfchen, hatte; er ist schon vor vielen Jahren zersprengt, jedoch erinnert sich noch der Verfasser dieser Schrift, als Knabe auf ihm gespielt zu haben. Auch hat diese Odinstätte eine Auszeichnung, die sonst noch in hiesiger Gegend hie und da auf den Götterplätzen sich findet, nämlich eine Kreienbrei (d. h. Krähenfeld), die desshalb beachtenswerth ist, weil die Krähen, wie Mone richtig vermutet, in der deutschen Götterverehrung mit Odins Raben gleichbedeutend waren.[1]) Was aber auf dem Bonacker für unsere Untersuchung als das wichtigste gelten muss, ist der bedeutungslos scheinende Umstand, dass in diesem Namen das Bestimmungswort Bon selten mit einem reinen ō gesprochen wird, sondern fast immer ein oa hören lässt (Boanacker). Dies darf uns jedoch nicht genügen, um über den Charakter des ō in Boden bereits ein entschiedenes Urteil zu fällen; wir müssen uns gefallen lassen, den Namen noch auf einer vierten Odinstätte zu vernehmen. Wenn wir nämlich von diesem zuletzt besprochenen Göttersitz aus eine Viertelstunde gegen Osten uns bewegen, so stossen wir in der Bauerschaft Bombeck nochmals auf eine Dreizahl von heidnischen Heiligtümern, auf den Tie, den Baunecker und das Kiessendal, die in genannter Reihenfolge von Westen nach Osten unmittelbar an einander grenzen. Das Wort Tie heisst im Altsächsischen Tiu und im Althochdeutschen Ziu [2]), im Angelsächsischen tiv, im Altnordischen tyr, und bezeichnet einen dem römischen Mars entsprechenden Kriegsgott, dessen Name in der Genitivform Bestimmungswort in „Dienstag" (ziestag) ist.[3]) Diesem Kriegsgott also, der bei den Sachsen wahrscheinlich auch Saxnote hiess, war die vorderste Götterstätte der Bauerschaft Bombeck gewidmet.[4]) Die hinterste aber, das Kiessendal, hat ihren Na-

---

[1]) Mone, Geschichte des Heidentums u. s. w. II, S. 130.

[2]) Der altsächsischen und niederdeutschen tenuis, t im Anlaut entspricht im Hochdeutschen nicht selten die Aspirate z, z. B. tant (Zahn), tunge (Zunge), tît (Zeit), tûn (Zaun) u. s. w.

[3]) Graff, Sprachschatz V, S. 678.

[4]) Dass der Nomin. des Namens eines Gottes zur Bezeichnung des Ortes seiner Verehrung diente, kömmt öfter vor. So hiess ein Platz bei Benevent,

men bekommen nicht von Kirschen, wie die Anfertiger der Flurkarten meinen, sondern von Kersten, dem mittelmünsterschen Worte für „Christen" (Chron. 96, 98.) Denn da das e in Kersten offenbar durch Brechung aus i entstanden ist, so geht es im Neumünsterschen, wie in allen gleichen Fällen, in ie über¹), r aber fällt vor st weg²), und in st wird das t dem s assimilirt³), so dass mithin aus Kersten genau nach der Lautentwicklung der hiesigen plattdeutschen Sprache Kiëssen wird und aus Kerstendal (Christental) Kiëssendal. Die Anfertiger der Flurkarten würden den komischen Fehler, ein Christental in ein Kirschental zu verwandeln, nicht gemacht haben, wenn sie daran gedacht hätten, dass Kindertaufen in unserer Gegend kinnerkiëssen heissen, welches Wort aus dem mittelmünsterschen kerstenen (Chron. 93) d. h. „zum Christen machen" sich entwickelt hat.

Das erwähnte Kiëssendal oder Christental liegt aber, wie wir in der Schrift über die Thuner- und Tiestätten darthun werden, ebenso auf einer ehemaligen Thorstätte, wie der Ludgeribrunnen bei Billerbeck auf einer Odinstätte. Der erste Götterplatz der Bauerschaft Bombeck war mithin dem Tie, der dritte dem Thor gewidmet. Und der zweite, der mittlere? Der Name des Platzes zeigt es; er heisst Baunecker, und ist von dem vorher vorkommenden Bonacker im Wortlaut nur dadurch unterschieden, dass er ganz und gar das Gepräge der neumünsterschen Mundart trägt. Denn nicht nur hat er das a des Grundwortes acker in unregelmässiger Weise umgelautet, was seit der zwei-

---

wo die Langobarden einen dem Odin geheiligten Baum verehrten, noch längere Zeit nachher Wodan. (Vergl. O. Abel Paul. Diak. S. 249.)

¹) Vergl. spriëken statt spreken, briëken statt breken, briënnen statt brennen und bernen (brennen), kiërke statt kerke u. s. w.

²) Vergl. buost (Brust) statt borst, duost (Durst) statt dorst, kuost (Kruste) statt korst, giëst (Gerste) statt gierst, stiät (Schwanz) statt stiert, biësten (bersten) statt biersten u. s. w.

³) Vergl. Hössen (Husten) statt hosten, lessen (jüngst) statt lesten, wi wussen (wir wussten) statt wi wusten, wi mossen statt wi mosten, se blossen statt se blosten (sie bliesen), he wäss statt he wäst (er wächst), antassen statt antasten (Chron, 172. 169) u. s. w.

ten Hälfte des sechszehnten Jahrhunderts im Plattdeutschen öfter geschieht, sondern auch das ô im Bestimmungswort Bôn hat er zerdehnt in au und dadurch eine unterscheidende Eigentümlichkeit des neumünsterschen Dialektes angenommen. In dieser Mundart nämlich geht das eine von den beiden ô der altsächsischen Sprache, das ô der sogenannten U-Reihe der Vokale in der Regel in au, bisweilen in oa über, während das ô der A-Reihe unverändert bleibt. Da aber auf diesem sprachlichen Vorgang das Hauptergebnis der vorliegenden kleinen Schrift beruht, so bedarf derselbe einer überzeugenden Beweisführung, die in folgenden beiden §§. enthalten ist.

§. 8.

Die beiden ô der altsächsischen Sprache und ihre Veränderung im Neumünsterschen.

Nicht nur für unsere Untersuchung, sondern auch für die Grammatik und Geschichte der plattdeutschen Sprache ist die Unterscheidung der beiden langen ô im Altsächsischen und die Veränderung derselben in den neuniederdeutschen Dialekten von der grössten Wichtigkeit. Wir geben daher im Folgenden zuerst die Uebersicht der altsächsischen Vokale und suchen dann durch Beispiele darzuthun, was aus den beiden langen ô zunächst im Münsterschen geworden ist. Die Münsteraner wenigstens und ihre Nachbarn dürfen über diese Ausführlichkeit nicht ungeduldig werden, weil ihnen dadurch eine merkwürdige grammatische Beschaffenheit ihrer Muttersprache, die bisher noch nicht in Büchern erörtert ist, vor Augen geführt wird.

Schema der altsächsischen Vokale (nach M. Heyne und Nerger).

	Wurzellaut.	Erste Steigerung.	Zweite Steigerung.
Die A-Reihe	a (durch Umlaut e) Schwächungen: i, e, u, o	â, seltener ê	ô, seltener uo (althochdeutsch uo) (gothisch ô)
Die I-Reihe	i (durch Brechung e)	î	ê, seltener ei
Die U-Reihe	u (durch Brechung o)	û, iu, io, ie	ô (althochdeutsch ou) (gothisch au)

Aus dieser Uebersicht ersehen wir die gänzliche Verschiedenheit der beiden ô des Altsächsischen. Das ô der A-Reihe ist die zweite Steigerung des Wurzelvokals a und steht an Stelle des althochdeutschen uo, des gothischen ô; das ô der U-Reihe hingegen ist die zweite Steigerung des Wurzelvokals u und entspricht dem althochdeutschen ou, dem gothischen au. In dem Mittelmünsterschen sind beide ô in den schriftlichen Quellen ebenso wenig unterschieden, wie im Altsächsischen; jedoch im Neumünsterschen hat nur das ô der A-Reihe den reinen Laut ô bewahrt; das ô der U-Reihe aber ist meistens in au, zuweilen auch in oa übergegangen. Niemals aber ist das ô, das dem althochdeutschen uo, gothischen ô entspricht, au geworden.

Beispiele: **Das ô der U-Reihe.**

Altmünsterisch (Altsächsisch).	Althochdeutsch.	Gothisch.	Neumünsterisch.
ô	ou (auch ô)	au	au (seltener oa
ôga (Auge)	ouga	augo	auge
ôk (auch)	ouh	auk	auk
dôpian (taufen)	toufan	daupjan	daupen
dôg (er taugt)	touc	daug	daug
drôm (Traum)	troum		draum
hôp (Haufe)	houf		haup
lôf (Laub)	loup	laubs	lauf
rôbhon (rauben)	roubon	raubon	rauwen
rôk (Rauch)	rouch		rauk
lôg (er log)	louc	laug	loag und laug
bidrôg (betrog)	trouc		bidroag
gilôbian (glauben)	gilouban	galaubjan	gläuwen

Zuweilen hat auch das Althochdeutsche langes ô, z. B.:

dôd (tot)	tôt oder taot	dauths	daud
lôn (Lohn)	lôn	laun	laun
gôt (ich goss)	kôz	gaut	gaut und goat
bôd (ich bot)	pôt	baut	buoad und baut
nôd (Not)	nôt	nauths	naut
rôd (rot)	rôt		raud
grôt (gross)	grôz		graut

Das ô der A-Reihe.

Altmünsterisch (Altsächsisch).	Althochdeutsch.	Gothisch.	Neumünsterisch.
ô	uo	ô	ô
blômo (Blume)	pluomo	blôma	blôme
blôd (Blut)	pluot	blôth	blôt
bôk (Buch)	puoh oder buok	bôkos (plur.)	bôk
brôdhar (Bruder)	bruoder	brôthar	brôr
dôn (thun)	tuon		dôn
flôd (Flut)	fluot	flôdus	flôd
fôrjan (führen)	fuorjan		fören
fôt (Fuss)	fuoz	fôtus	fôt
	hruofan (rufen)	hrôpjan	rôpen
kô (Kuh)	chuo		kôh
môs (Speise)	muos		môs (Kohl)
modhi (müde)	muodi		möde
ginôg (genug)	kinuog	ganôhs	genôg
rôda (Ruthe)	ruota		rôde
skôh (Schuh)	scuoh	skôhs	schôh
sôkian (suchen)	suohhan	sôkjan	söken
stôl (Stuhl)	stuol	stôls	stôl
tô (zu)	zuo		tô (te)
tôgo (Zweig)	zuogo		tôg
grotian (anreden)	kruozan		gröten
	phluoch (Pflug)		plôg
flocan (fluchen)	fluchhon		flöken
slôg (schlug)	sluoc	slôh	schlôg
swôr (schwur)	suuor	svôr	schwôr
grôbhun (sie gruben)	cruopun	grôbun	grôwen
drôg (trug)	truoc	drôg	drôg und droag

Vorstehende Tabelle genügt, um zu zeigen, wie das Neumünstersche die beiden ursprünglichen ô des Altsächsischen strenge geschieden hat. Das ô der U-Reihe hat diese Mundart in der Regel in au, einigemal auch in oa umgeändert; das ô der A-Reihe hingegen (gleich dem althochd. uo) hat sie rein beibehalten, es nur einmal in oa (droag), niemals aber in au verwandelt.

§. 9.

Ein Hauptunterschied der neumünsterschen Mundart von allen anderen niederdeutschen Dialekten.

Durch die dargestellte Behandlung der beiden altsächsischen ô unterscheidet sich die neumünstersche Mundart, das jetzige Plattdeutsche Münsters, von allen andern niederdeutschen Dialekten; denn diese bewahren entweder beide ô bei; oder verändern beide in au, oder lassen (ganz entgegengesetzt dem Münsterschen) das ô der U-Reihe unverändert, und zerdehnen das der A-Reihe in au. Demnach gibt es drei Gruppen.

I. Erste Gruppe:
Beide ô bleiben unverändert.
(Das Holsteinische, Bremische, Lüneburgische, auch das Mecklenburgische an der Küste.)

Beispiele aus dem Quickborn von Klaus Groth:
(U-Reihe): oge, hoch, bom, drom, grot, stroh, schôt (Schoss), strom, brot, roth, dod, kopen, ok, lop (Laub), noth, lopen u. s. w., (A-Reihe:) moth (Mut), dok (Tuch), koh, to (zu), hot, klok, moder, broder, fot, blot, floth, stohl u. s. w. Klaus Groth schreibt holsteinisch; das Hamburgische in Richey's Wörterbuch, das Bremische in Tiling's Wörterbuch, das Lüneburgische in Willem Schröder's Erzählungen zeigen ebenfalls beide ô rein und nicht unterschieden.

II. Zweite Gruppe:
Beide ô gehen in au über.
(Das Sauerländische und Paderborn'sche.)

Der sauerländische Schriftsteller F. W. Grimme schreibt

in „Schwänke und Gedichte" und in Galanterey-Waar: (ô der A-Reihe) kauken (Kuchen), bauk (Buch), schau (Schuh), mauth (Mut), haustede (hustete), maus (Gemüse), haut (Hut), tau (zu) u. s. w.; aber ebenso (o der U-Reihe): daut (Tod), nauth (Not), belaunen (belohnen), haug (hoch), graut (gross), braud (Brod), auge (Auge), strauh (Stroh) u. s. w. Gleiches Verhalten der Paderborn'schen Mundart kann leicht nachgewiesen werden aus: „Niu lustert mol", plattdeutsche Erzählungen im Paderbornschen Dialekt. Celle 1870.

III. Dritte Gruppe:
Die beiden ô sind sprachlich geschieden.

1) Das Mecklenburgische an der Ostgrenze und im Innern des Landes. Dies ist die Sprache des berühmten Schriftstellers Fr. Reuter. Er hat immer für das ô der A-Reihe au, während er das der U-Reihe beibehält. — Beispiele: (ô der A-Reihe) staul (Stuhl), bauk (Buch), blaum (Blume), blaud (Blut), dauk) (Tuch), dauhn (thun), haun (Huhn), raupen (rufen), hauf (Huf), faut (Fuss), hausten (husten), plaug (Pflug), kauh (Kuh) u. s. w. — Hingegen (ô der U-Reihe) og (Auge), ok (auch), döpen (taufen), dôd (Tod), drom (Traum), lopen (laufen), loof (Laub), rok (Rauch), kop (Kauf), row (Raub), rod (rot), glowen (glauben) u. s. w. Auch die plattdeutschen Predigten von Jobst Sackmann, weiland Pastor zu Limmer bei Hannover, zeigen in der Regel die nämliche Scheidung und Veränderung der beiden ô.

2) Ganz entgegengesetzt aber ist die münstersche Mundart verfahren. Auch sie hat die zwei ô getrennt, jedoch das der A-Reihe rein bewahrt und das der U-Reihe in au umgewandelt. Unsere obige Tabelle überzeugt davon. Vergleichen wir in derselben das Münstersche mit dem Gothischen, so bemerken wir, dass unsere plattdeutsche Sprache in der Behandlung der altsächsischen ô zum gothischen Standpunkt, also zum älteren und ursprünglicheren zurückgekehrt ist; sie hat am natürlichsten und richtigsten sich entwickelt. Ehre der münsterschen Mundart!

§. 10.

Erklärung des Namens Bôden nebst Lösung eines philologischen Rätsels.

Aus dem vorher Gesagten ergibt sich, dass die jetzige Sprache Münsters uns einen ganz zuverlässigen Beweis dafür liefert, dass der im altsächsischen Taufgelöbnis vorkommende Gott Wôden seinem Namen nach gänzlich verschieden sei von Bôden, Bôn und Bônen. Denn Wôden heisst im Althochdeutschen Wuotan [1]), hat also, wie obige Tabelle zeigt, ein ô der A-Reihe (gleich dem uo des Althochd.), während Bôden, Bôn, Bônen, da sie im Neumünsterschen zu Baun werden können, so dass sogar an einigen Orten vom Baunenjäger gesprochen wird, nach Ausweis der münsterschen Sprachentwicklung ein ô der U-Reihe zeigen (gleich dem althochdeutschen ou, dem gothischen au).

Es steckt somit Wôden nicht in Bôden.

Ebensowenig scheint Ôden darin enthalten zu sein, das lautrichtige niederdeutsche Wort für das altnordische Odinn, das in den Ortsnamen Odenberg, Odenbach, Odenthal, Odenhausen, Odenheim Bestimmungswort ist [2]), und in der niederdeutschen Benennung des Odenwaldes. Denn der Odenwald führt in früherer Zeit bald einen hochdeutschen, bald einen niederdeutschen Namen; hochdeutsch heisst er Otenewald und Otenwald, niederdeutsch Odenewald und Odanwald. Weil aber Odin oder Oden althoch-

---

[1]) Graff, althochd. Sprachschatz I, 767; daher auch Wuodenesberg III, 185.

[2]) Vergl. Mone a O. II, S. 155. Ludw. Bechstein, Mythe, Sage u. s. w., III, S. 56.

deutsch Uothin genannt wird, wie aus dem bei Graff vorkommenden Uotinberg¹) sich ergibt, so zeigt jenes Wort ebenfalls das ô der A-Reihe, also ein anderes, als der Name Bôden und Bônen hat.

Dennoch muss Oden in dem Boden stecken, weil sonst nicht erklärbar ist, warum die Odinstätten der hiesigen Gegend immer den Namen Boden aufweisen.

Der Oden muss im Boden stecken. Wo sollte dann aber das ô der A-Reihe geblieben sein, das in Oden den Anlaut bildet? Das muss offenbar ausgefallen und an seine Stelle ein anderes, ein ô der U-Reihe, getreten sein. Aber wie wäre das möglich? Das ist nur in einer einzigen Weise denkbar, nämlich wenn Bôden als ein ursprünglich zusammengesetztes Wort aufgefasst wird, zusammengesetzt aus dem Bestimmungswort bô mit dem ô der U-Reihe und aus dem Grundwort Oden mit dem ô der A-Reihe. In dieser Zusammensetzung Bó-oden war (wie immer) der Vokal des Bestimmungswortes, also das ô der U-Reihe, hochbetont, der Vokal des Grundwortes hingegen, das ô der A-Reihe niedrig betont. Dadurch kam es, dass letzteres in der Zusammenziehung zu Bôden verschwand, während ersteres blieb. Denken wir uns, dass die jetzige Form des Bestimmungswortes, die bau lautet, mit oden zusammengezogen würde, so entstände aus Báu-oden ohne Zweifel Bauden; gerade so ist aber im Altsächsischen aus Bó-oden Boden hervorgegangen mit dem ô der U-Reihe. Dieses Boden kann nun im Neumünsterschen nicht bloss zu Bon und Bonen, sondern auch zu Baun und Baunen werden.

Was heisst nun aber Bó-oden contrahirt zu Boden?

Bô kommt vor in den Werden'schen Heberegistern in dem Ortsnamen Has-bô²), auch in Bôingthorp und Boving-huson, Bôiko, und zeigt hier wie in Boden die zweite Steigerung des Wurzelvokals u; mit der ersten Steigerung dieses Vokals, mit û, tritt es auf im Heliand (v. 2122, 2160, 3686, 3655). Und was heisst hier bû)? „Wohnung, Gut, Haus und Hof."³)

---

¹) Graff a. O. III, S. 185.
²) S. Heyne altniederd. Eigennamen S. 12 und 5.
³) S. Heyne im Glossar zum Heliand.

Was heisst demnach Bó-oden? Der Odin von Haus und Hof; das nämliche heisst bonen und bon, baunen und baun. Wer in den Heliand auch nur oberflächlich hineingesehen, wird sich nicht wundern, dass in bo-oden zwei Nominative unmittelbar an einander gehängt sind; denn dies ist die gewöhnliche Art der altsächsischen Zusammensetzung. [1])

Nunmehr scheint es angemessen, unsere Erklärung des Namens Boden, Bon und Bonen sachlich zu erläutern.

In der deutschen Götterlehre, wie sie aus den Quellen sich ergibt und von Grimm, Mone, Simrock, Vollmer und Anderen dargestellt ist, wird dem Odin, dem Schöpfer und Beherrscher der Welt, dem Geber alles Guten, eine dreifache Wirksamkeit unter den Menschen beigelegt.

I. Er gibt den Helden ihren Mut in der Schlacht, den Dichtern ihre Begeisterung. Den Göttern selbst verschaffte er den Dichtermeth, der aus des weisen Quasirs Blut bereitet, in dem Kessel Odrarir (d. h. Geisterreger) aufbewahrt wurde. Ihm ist demnach alle Gemütserregung im Himmel und auf Erden zu verdanken, die Begeisterung sowohl im Kampfe als in der Rede.

II. Odin ist der Heriafadhir, d. h. der Vater der Kriegsheere, der Lenker der Schlachten, der Verleiher des Sieges. Ihm gelobten unsere Vorfahren vor der Schlacht die Gefangenen als Opfer und erfüllten nach dem Siege ihr Gelübde auf seinen Altären. Er sendet die Walkyren auf die Schlachtfelder und lässt durch sie die Helden aussuchen, welche fallen und in Walhalla aufgenommen werden sollen.

III. Er segnet das Eigentum der Menschen, das Haus und den Hof, und gewährt irdische Wohlfahrt und Gedeihen aller Güter.

Auf diese dreifache Wirksamkeit bezieht sich nun auch der dreifache Name Odins in den altdeutschen Dialekten.

1) Woden ist nämlich ebenso wie Boden ein zusammenge-

---

[1]) Z. B. hebban-kuning (Himmelskönig), hebban-tungal (Himmelsstern), wini-trewa (Freundestreue), wig-saka (Kampfesfeindschaft), god-spell (Erzählung von Gott), gast-seli (Saal für Gäste, Herberge), kuning-stol (Königsstuhl) u. s. w.

setztes und zusammengezogenes Wort, entstanden aus den beiden Wörtern Wod und Oden. Wod entspricht dem mittelhochdeutschen wuot und heisst daher nicht bloss Wut, sondern auch geistige Aufregung, Gemütserregtheit.[1]) Wod-oden, nach Ausfall des d contrahirt zu Woden, heisst demnach der Odin der Begeisterung, des Mutes.

2) Guden (noch vorhanden in Gudensdag = Mittwoch) ist zusammengezogen aus gud (Schlacht) und Oden, und heisst somit „Schlachten-Odin". Es entspricht der Name der zweiten oben erwähnten Wirksamkeit des Gottes.

3) Bó-oden, zusammengezogen Boden, mit Assimilation Bonen, mit Verkürzung Bôn, mit zerdehntem Vokal Baun, Baunen, bezeichnet den höchsten Gott in seiner dritten Thätigkeit, in seiner Fürsorge für Eigentum und Familie, den Odin von Haus und Hof, den segnenden Beschützer des Besitzes.

Es hätte uns somit das Wort Bonenjäger, verglichen mit den Namen, die Odin auf seinen hiesigen Cultusstätten führt, und untersucht vermittelst der münsterschen Mundart, den Schlüssel in die Hand gegeben zur Lösung eines bisher noch nicht gelösten philologischen Rätsels, nämlich zur Erklärung der altdeutschen Namen Odins. Es bedarf jedoch dies Ergebnis noch einer weiteren Begründung und Erörterung.

---

[1]) Vergl. Wackernagel mittelhochd. Wörterbuch unter wuot; es ist das angelsächsische vod, das althochdeutsche wuoti. Dass es in altsächsischen Zusammensetzungen wôd geheissen habe, zeigt der in den Werden'schen Heberegistern sich darbietende Name Wôd-ford (Heyne, Eigennamen S. 31.)

§. 11.

Wôden, Guden, Bôden.

Alle bisherigen Erklärungen des Wortes Woden sind auf die Vermutung einer Zusammensetzung desselben nicht gerathen, und haben daher entweder aus dem Bestimmungswort wôd allein oder aus dem Grundwort Oden allein den Namen herzuleiten gesucht. Sie mussten dabei auf unlösbare Schwierigkeiten stossen.

Adam von Bremen, der in der zweiten Hälfte des elften Jahrhunderts Domscholaster zu Bremen war, ist der erste, der den Namen Woden etymologisch gedeutet hat. In seiner hamburgischen Kirchengeschichte im IV. Buch, Cap. 25 erzählt er, dass in einem goldenen Tempel zu Upsala die Bildnisse von drei schwedischen Göttern gestanden hätten, nämlich von Thor, Wodan und Fricco. Dann fährt er fort: „Die Deutungen derselben sind folgende:

Thor, sagen sie (die Schweden), hat den Vorsitz in der Luft, er lenkt Donner und Blitz, gibt Winde und Regen, heiteres Wetter und Fruchtbarkeit. Der andere, Wodan, d. i. die Wuth [1]), führt Kriege und gewährt dem Menschen Tapferkeit gegen seine Feinde. Der dritte ist Fricco, er spendet den Menschen Frieden und Lust."

Also aus wôd, dem Bestimmungswort in Wod-oden, dem Stammwort des altsächsischen Zeitwortes wodian (wüthen) leitet

---

[1]) Id est furor heisst es richtig in den neueren Ausgaben statt i. e. fortior.

Adam von Bremen den Namen Wodan ab, freilich ohne allen Nachweis der grammatischen Möglichkeit.

Von den neueren Erklärern hingegen haben einige, z. B. Schlegel und H. Leo, den entgegengesetzten Weg eingeschlagen, indem sie bloss das Grundwort der Zusammensetzung in Anspruch nahmen. Odin, sagen sie, sei sprachlich einerlei mit Woden. Schlegel stützt sich darauf, dass die Skandinavier im Anlaut der Wörter das w wegwerfen, wo die Sachsen es setzen; allein die von ihm angeführten Beweise werden von anderen Gelehrten als ungültig verworfen. „Sie passen nicht", sagt Mone, „auf die Wortformen Woden und Othin."[1]) Auch H. Leo[2]) hält sie für ungenügend, wiewohl er sich sonst der Erklärung Schlegels anschliesst.

Andere deutsche Forscher endlich, namentlich der hochangesehene Sprachkenner J. Grimm, haben sich der Erklärung des Adam von Bremen insoweit genähert, als sie Wotan oder Wuotan für eine althochdeutsche Sprossform erklären, die mit wuot (dem altsächsischen wôd) aus derselben Wurzel stamme, nämlich aus dem althochdeutschen Zeitwort watan (in dem Sinne von „eilen, stürmen, losstürzen").[3]) Hiergegen aber ist einzuwenden, dass in diesem Fall der Name mit der Ableitungssilbe an (en) gebildet wäre, welche doch sonst im Althochdeutschen, wenn man etwa die Mittelform degan (Knabe, Krieger) ausnimmt, zur Bildung von Personennamen nicht gebraucht wird. Hierzu kommt, dass die Form Odin, althochdeutsch als Uothin oder Oten, niederdeutsch als Oden, wie wir bereits bemerkt haben, in's Deutsche übergegangen war; daher die Namen Uotinberg, Ottinrode (jetzt Atterode), Odenbach, Odendahl, Odendorf, Odenhausen (auch Ottendorf, Ottenhausen), Odenheim, Odenkirchen, Odensachsen (in Hessen)[4]) u. s. w. Wie will man nun erklären, dass die Deutschen trotz dieses allgemein eingeführten und gebrauch-

---

[1]) Mone a. O. II, S. 151.
[2]) Ueber Othins Verehrung in Deutschland. Erlangen 1822.
[3]) S. Weigand's Wörterbuch unter den Wörtern Wotan und Wut.
[4]) Vergl. Bechstein, Mythe, Sage u. s. w. III, 56 und I, 37.

ten Wortes noch einen neuen Namen, der dasselbe Wesen bezeichnete, aus einer eigenen, ihrer Sprache angehörenden Wurzel hergeleitet hätten? Sprachreiniger, wie der Palmenorden und die Schäfer an der Pegnitz, gab es doch damals noch nicht. Auch gehörte ja das Wort einer nahe verwandten Mundart an und war in deutsche Form gebracht.

Alle diese und noch andere Schwierigkeiten stehen den bisherigen Erklärungen entgegen, während die unsere sie sämmtlich vermeidet. Nach unserer Ansicht nämlich hatten alle deutschen Volksstämme ursprünglich nicht nur dieselbe Religion, sondern benannten auch alle den höchsen Gott mit dem nämlichen Namen. Daher in Deutschland die vielen Ortsbezeichnungen, die mit der einfachen Form jenes Namens, mit Uothin, Oten, Oden zusammengesetzt sind. Als aber im Inneren unseres grossen Vaterlandes die verschiedenen Stämme je nach ihrem Charakter und ihren Verhältnissen die eine oder andere Wirksamkeit Odins in ihrem Cultus mehr betonten, setzten sie den ursprünglich einfachen Namen des Gottes mit Bestimmungswörtern zusammen, die ihrer besonderen Auffassung entsprachen. Das Sachsenvolk im Ganzen, das keineswegs eroberte, aber Freiheit und Vaterland über Alles liebte und mit Kraft gegen jeden Feind verteidigte, flehte zu dem Gott, der Mut und Begeisterung gab, zum Wododen. Die Angelsachsen hingegen, die nach fremden Ländern zogen und Eroberungskriege führten, verehrten den Kampf beherrschenden, Sieg bereitenden Odin, den Gud-oden, d. h. Schlacht-Odin. Die Westfalen endlich, die nach einer richtigen Bemerkung von Justus Möser ein friedliebendes, Ackerbau treibendes Volk waren, suchten beim Odin den Schutz ihres Herdes, den Segen ihres Hauses, ihrer Aecker; sie nannten ihn den Bo-oden, d. h. den Odin von Haus und Hof.

Hiernach ist also Woden eine von den Sachsen gebildete, niederdeutsche Zusammensetzung, die von jenen zu anderen Stämmen, selbst zu den Skandinaviern, gedrungen sein mag. Aber ist es denn in der altsächsischen Sprache möglich, dass Wododen zu Woden wird? Allerdings, und zwar in derselben Weise, wie Boden zu Bôn wird, nämlich durch Ausfall des d vor niedrig betontem Vokal. Wir haben schon drei altsächsische Beispiele dieser Wortverkürzung angeführt, nämlich Mimigerneford statt Mimiggardeneford, gitrôstôs (du tröstetest) statt gitrôstôdôs und lasto statt latisto; wir können noch manche andere hinzufügen. Wenn nämlich die altsächsischen Verbalstämme der ersten schwachen Conjugation auf di oder ti mit vorhergehendem Consonanten ausgehen, so fällt diese Silbe ganz weg. Es steht z. B. senda (er sandte) für sendida, ahta (er ächtete) für ahtida, hefta (er heftete) für heftida, lêsta (er leistete) für lêstida, awerda (zerstörte) für awerdida. Dass in allen solchen Beispielen die verkürzte Form ein di oder ti ausgestossen habe, beweisen die Fälle, worin der Ausfall der Dentale trotz eines vorhergehenden Consonanten nicht stattgefunden hat, z. B. andwordida (er antwortete, Hel. 5384) und die mittelmünsterschen praeterita: tastede (Chron. 169), herdede (Chron. 161), wendede (Chron. 161) u. s. w.

Es ist mithin die Wortverkürzung durch Ausstossung von d vor niedrig betontem Vokal ein durchaus nicht seltener altsächsischer Sprachgebrauch. Wie demnach in der altsächsischen Psalmenübersetzung gitrôstôdôs zu gitrôstôs wurde, genau so wurde Wôdôden zu Wôden. Dies in die althochdeutsche Sprache lautrichtig aufgenommen, ergab Wuoten, auch Wôten, und da die durch Vokalschwächung entstandene Endung en sowohl einem früheren an als in entspricht, so lautet der Name auch Wôtan, Wuotan und niederdeutsch Wodan, ebenso wie aus Odin auch Odan wurde, z. B. in Odanwald.[1])

II. Was aber den im westfälischen Gudensdag (Mittwoch) erhaltenen Namen Odins angeht, der vorzukommen scheint in den zusammengesetzten Ortsbenennungen Gudensberg (in Hessen), Gudenau, Gudendorf, Godesberg (bei Bonn), Godelhof, Godeldorf, Gutendorf (im Weimarschen) u. s. w., so scheint derselbe angelsächsischen Ursprunges zu sein, weil das Wort gudh (Schlacht) der angelsächsischen Sprache angehört. Im Altnordischen

---

¹) S. Wackernagel's Wörterbuch.

heisst es gunnr oder gudhr, im Altsächsischen gudea ¹). Setzt man gud mit Oden zusammen, so ist in Gúd-oden das u hoch, das ŏ niedrig betont. Da nun aber auch im Angelsächsischen das d vor schwach betontem Vokal wegfallen kann, wie z. B. in finst statt findest, in fint statt findedh, in hlest statt hledest, in sende statt sendede ²) u. s. w., so ist erklärlich, dass aus Gúdo-den die Formen Guoden, Guden und Goden entstehen konnten. Die Erzählung des Paulus Diakonus aber, dass seine Landsleute, die Langobarden, vor das Wort Wodan ein g gesetzt hätten, und dadurch Guodan entstanden sei ³), beruht ohne Zweifel auf Irrtum; denn weder ist die Vorsetzung eines blossen Buchstaben vor Wodan begreiflich, noch die dadurch bewirkte Umformung zu Guodan, noch die Aufnahme dieses Wortes vonseiten der Sachsen und Angelsachsen.

III. Die dritte Benennung Odins, die bisher von den Altertumsforschern noch nicht entdeckt ist, Boden, Bon, Bonen u. s. w., haben wir im Vorhergehenden genugsam besprochen. Da aber das Bestimmungswort bû oder bô nicht bloss im Altsächsischen und Altniederfränkischen, sondern auch im Althochdeutschen vorkommt, so ist begreiflich, wie leicht die Verehrung Odins unter dem Namen Boden eine grosse Ausdehnung über die Länder Deutschland's gewinnen konnte. Es scheint, dass viele Ortsnamen mit diesem Worte zusammengesetzt sind, z. B. Bodenbach, Bodendorf, Bodenheim, Bodenhof, Bodenstein, Bodenseifen, Bodenthal, Bodenvellingen, Bodenstadt, Bodenwerder, Bodenwöhr, namentlich auch der Bodensee, d. h. der See des Odin von Haus und Hof. ⁴) Von der Verkürzung Bodens zu Bon scheinen gleichfalls viele Benennungen Zeugnis zu geben, z. B. Bohnhorst, Bonsdorf, Bohndorf, Bonesend, Boneshof, Bonhof, Bonsbusch, Bonsfeld, Bonslade u. s. w. Selbst die durch Assimilation

---

¹) Wackernagel a. O. unter gudea.
²) Heyne, Kurze Laut- und Flexionslehre S. 202 u. 205.
³) Paul. Diak. Geschichte der Langobarden I, 9.
⁴) Von der Verehrung Odins am Bodensee findet sich ein merkwürdiges Beispiel in der vom Mönche Jonas (lebte um 620) geschriebenen Biographie des h. Columban in Cap. 27.

entstandene Form ist vermutlich über das Münsterland, ja über Wesfalen hinausgegangen; denn Bonenburg und Bonenhof haben doch wohl nicht von grossen oder kleinen Bohnen, die ja auf Burgen und Höfen nicht angebaut werden, sondern vom Odin, der Haus und Hof beschützt, ihren Namen.

Zum Schluss kann der Verfasser nicht unterlassen, den Wunsch auszusprechen, dass doch wissenschaftlich gebildete Männer z. B. Geistliche und Lehrer, überall im Münsterlande nach den Kennzeichen und Merkmalen der alten heidnischen Götterstätten sich umsehen mögen, z. B. nach den Namen, die zusammengesetzt sind 1) mit als, alen, al, 2) mit wih und wihd, 3) mit Dôr (Thor) oder Bock, 4) mit Tie, 5) mit Boden, Bon, Bonen, Baunen, Baun, ferner nach den Hilgenfeldern, Hilgenkämpen, Hilgenbüschen, Himmelsbüschen, Heven, Hemeln, Christenfeldern, Kiëssenkämpen, Kiëssendälern u. s. w., endlich nach den Hellen, Höllenbüschen, Teufelskuhlen, Teufelskämpen, Balsfeldern u. s. w. Die Herrn würden mich sehr verpflichten, wenn sie über Lage und Eigentümlichkeiten solcher Plätze mir gütigst Mitteilung machen wollten. Es würde sich dann wohl herausstellen, wie wahr es ist, was Mone sagt: [1] „Es sind noch manche Denkmäler der Heidenzeit in Altsachsen vorhanden, die zum Teil nicht bekannt sind, und nur durch genaue Ortskenntnis zu weiteren Ergebnissen führen können." Und an einer anderen Stelle: [2] „Ein Landsmann, der mit seinem Volke vertraut ist, und an der Quelle der mündlichen Ueberlieferung steht, kann in diesen Dingen (in Erforschung der Spuren des Heidentums) mehr leisten, als ein Fremder, wie ich, wenn mir auch alle gedruckten Hülfsmittel zu Gebote ständen."

---

[1] Geschichte des Heidentums im nördlichen Europa II, S. 49.
[2] a. a. O. II, S. 60.